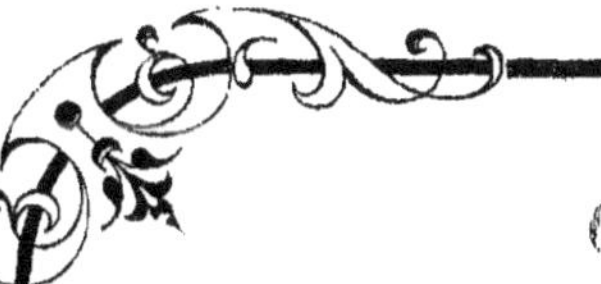

CATALOGUE

D'UNE COLLECTION

DE

TABLEAUX

ANCIENS

DES DIVERSES ÉCOLES

ARRIVANT DE L'ÉTRANGER

DONT LA VENTE AURA LIEU

HOTEL DES COMMISSAIRES-PRISEURS

Rue Drouot, n° 5

SALLE N° 5

Le Samedi 29 Novembre 1862, à 1 heure.

Par le ministère de Mᵉ **Ch. PILLET**, Commissaire-Priseur,
rue de Choiseul, 11,
Assisté de M. **DHIOS**, Expert, rue Le Peletier, 33,
Chez lesquels se distribue le présent Catalogue.

EXPOSITION PUBLIQUE

Le VENDREDI 28 Novembre 1862, de midi à cinq heures.

PARIS

RENOU ET MAULDE

Imprimeurs de la Compagnie des Commissaires-Priseurs

RUE DE RIVOLI, 144

—

1862

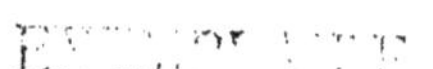

231
512
743

611

743

4011
1399
2412

41
14
48
17
18
60

50
40
25
20
140
354
72
150
26
100
31
65
100
17
74

75
174
60
150
16
380

1399

CATALOGUE

D'UNE COLLECTION

DE

TABLEAUX

ANCIENS

DES DIVERSES ÉCOLES

ARRIVANT DE L'ÉTRANGER

DONT LA VENTE AURA LIEU

HOTEL DES COMMISSAIRES-PRISEURS

Rue Drouot, n° 5

SALLE N° 5

Le Samedi 29 Novembre 1862, à 1 heure.

Par le ministère de M° **Ch. PILLET**, Commissaire-Priseur,
rue de Choiseul, 11,

Assisté de M. **DHIOS**, Expert, rue Le Peletier, 33,

Chez lesquels se distribue le présent Catalogue.

EXPOSITION PUBLIQUE

Le Vendredi 28 Novembre 1862, de midi à cinq heures.

PARIS

RENOU & MAULDE

IMPRIMEURS DE LA COMPAGNIE DES COMMISSAIRES-PRISEURS
Rue de Rivoli, 144.

1862

CONDITIONS DE LA VENTE

Elle sera faite au comptant.

Les acquéreurs paieront CINQ pour CENT en sus des adjudications, applicables aux frais de vente.

DÉSIGNATION

DES

TABLEAUX

ALBANE.

1 — Le Baptême du Christ.

AUBIN (Saint).

2 — La Chasse royale. Très-jolie composition de l'École française du XVIIIe siècle.

BARROCHE.

3 — La Fuite en Egypte.

DU MÊME.

4 — Même sujet traité différemment.

DU MÊME.

5 — Le Christ sur la croix; au pied, la Madeleine.

BASSANO.

6 — Jésus chassant les vendeurs du Temple.

BELLIN (École de JEAN).

7 — L'Adoration des rois Mages.

BOSSOLI.

8 — Intérieur d'une ville d'Italie.

BOUCHER (F.), en Italie.

9 — Amours jouant avec des colombes, et le Sommeil de l'Amour. Deux pendants, dessus de porte.

BREUGHEL, BALEN (VAN) et KESSEL (VAN)

10 — Adam et Ève dans le Paradis terrestre.

BRONZINO.

11 — Portrait d'Alexandre de Médicis, duc de Florence.

CARLO DOLCI.

12 — La Mère de douleurs.

DU MÊME.

13 — Buste de la sainte Vierge.

CARRACHE (A.).

14 — Paysages ornés de figures. Deux pendants.

CORRÈGE (École du).

15 — Vénus et l'Amour.

CRESPI (Daniel).

16 — Moine en méditation assis au milieu d'un paysage.

DYCK (Van).

17 — Portrait d'une grande dame.

EILZEMER.

18 — Vue d'une ville antique, avec nombreuses figures.

FRANCK (Floris).

19 — Partie galante dans un parc. Costumes du temps d'Henri IV.

HAMILTON. (École anglaise.)

20 — Reptiles, papillons, insectes et plantes.

DU MÊME.

21 — Pendant du précédent.

AONTORST.

22 — Buste d'homme tenant un cierge.

KESSEL (Van).

23 — L'Embarquement et le Débarquement de l'arbre de Noël. Deux pendants.

DU MÊME.

24 — Corbeille et vase remplis de fleurs.

KESSEL (Van).

25 — Corbeilles et plat remplis de fruits divers. Pendant du précédent.

DU MÊME.

26 — Poissons, huîtres et légumes.

DU MEME.

27 — Panier rempli d'abricots.

DU MÊME.

28 — Vase de fleurs et fruits divers. Pendant du précédent.

DU MÊME.

29 — Corbeille de fruits.

DU MÊME.

30 — Corbeille de fleurs.

DU MÊME.

31 — Singe mangeant des fruits posés sur une table.

DU MÊME.

32 — Fruits, singe et chien. Pendant du précédent.

LEBRUN (Mme Vigée).

33 — Jeune fille un chardonneret sur l'épaule, auquel elle offre des cerises dans un chapeau de paille.

LEBRUN (Mme Vigée).

34 — Jeune femme avec une coiffure orientale retenue par une parure en perles. Pendant du précédent.

LOI (Van).

35 — Portrait de Christine de Suède.

LUINI (Aurélio).

36 — La Vierge assise, l'Enfant Jésus sur ses genoux, reçoit une pomme que lui présente le petit saint Jean; sur le devant, de chaque côté, deux anges jouent de la mandoline et du violon et chantent les louanges du Seigneur; derrière, sainte Élisabeth et saint Joseph contemplent cette scène. Le fond représente un paysage. Encadrement monumental en bois sculpté et doré.

LUINI (Berardino).

37 — Buste d'une Sainte.

DU MÊME.

38 — Deux fragments de fresques.

MARIO DEI FIORI.

39 — Vase rempli de fleurs.

MIÉRIS (Genre de).

40 — Portrait d'un guerrier fumant sa pipe.

MORETTO DE BRESCIA.

41 — Deux femmes en prière.

MORONI.

42 — Portrait d'homme représenté de face, la tête découverte, une collerette tuyautée autour du cou.

NEER (AART VAN).

43 — Canal glacé avec patineurs.

PARMESAN.

44 — Sainte Catherine.

POUSSIN.

45 — Paysage; sur le devant, on voit Jésus enfant et le petit saint Jean.

PROCCALINI.

46 — La Flagellation de Jésus.

RAPHAEL MENGS.

47 — Portrait de Marie-Thérèse, entourée des ornements royaux.

RUBENS et BREUGHEL DE VELOURS.

49 — La sainte Vierge, Jésus et le petit saint Jean représentés dans un médaillon ovale encadré d'une guirlande de fleurs. D'une grande beauté.

RUBENS.

49 — Allégories de la vie et de la mort, représentant deux enfants, assis et couché au milieu d'un paysage. Deux pendants.

SALUINO (D'après Raphael).

50 — Au milieu d'un paysage sont représentés la sainte Famille, sainte Élisabeth et le petit saint Jean.

SALVATOR ROSA.

51 — Intérieur d'une forêt, sur le devant un berger conduisant une vache.

TARAVAL.

52 — Bacchus et Ariane entourés de Bacchante et Amours.

TINTORET.

53 — Portrait d'un magistrat vénitien.

TITIEN.

54 — Portrait de sa maîtresse.

DU MÊME.

55 — Portrait d'un guerrier qui rappelle un des princes de Médicis.

TITIEN (École du).

56 — Portrait d'un guerrier la main appuyée sur le pommeau de son épée (Médaillon ovale dans un cadre noir).

VÉLASQUEZ.

57 — Portrait de jeune femme, représentée le sein découvert, les cheveux flottants, ornés de rubans roses formant des nœuds.

J. W. Signé 1809.

58 — Légumes divers posés sur une table. 2 pendants.

ECOLE FRANÇAISE.

59. — Deux dessus de porte, représentant des enfants et médaillons en grisaille, entourés de fleurs, oiseaux et fruits,

60 — Portrait d'un moine Joli cadre Louis XVI.

61 — Charmant petit portrait de femme dans un cadre en bois sculpté et doré (forme ovale).

ÉCOLE FRANÇAISE DU XIIIᵉ SIÈCLE.

62 — Repas d'enfants à la porte d'une chaumière.

ÉCOLE HOLLANDAISE.

63 — Deux petits paysages.

ÉCOLE ITALIENNE.

6 i — Quatre bustes représentant deux Saints et deux
Saintes, médaillons de forme ronde dans de
très-jolis cadres en bois sculpté.

65 — Mars partant pour la guerre et la Paix ramenant
l'Abondance (Deux esquisses formant pendant).

66 — Rivière avec barques et bateaux pêcheurs; sur
le premier plan plusieurs figures.

67 — Port de mer.

68 — Portrait d'Éléonore de Gonzague, impératrice.
Riche costume.

69 — Tête de Saint, d'une belle expression.

70 — Portrait de femme, costume du XVIe siècle.

71 — Saint tenant un livre.

72 — Portrait d'un philosophe, la main appuyée sur
un livre. Superbe peinture.

73 — Portrait d'homme, vu de face et mi-corps.

74 — Le sommeil de Jésus.

75 — Portrait d'un guerrier, il porte une collerette
tuyautée et une armure richememt décorée.

ÉCOLE ITALIENNE MODERNE.

76 — Bords de rivière (Deux pendants).

ÉCOLE ITALIENNE.

77 — Apparition d'un ange à la Madeleine.

78 — Portrait d'une princesse Farnèse.

79 — Portrait de femme vêtue d'un très-riche costume du XVIe siècle.

80 — Portrait d'un jeune seigneur, costume du XVIe siècle (Petit tableau très-fin).

INCONNU.

81 — Le bon Samaritain.

82 — Le Baptême du Christ. Pendant du précédent.

83 — Paysage avec chute d'eau.

ÉCOLE DE PARME.

84 — Intérieur de la Sainte Famille.

85 — Sous ce numéro seront vendus quelques beaux portraits de l'école florentine et vénitienne que nous n'avons pu décrire au catalogue par suite d'un retard éprouvé dans la réception de la dernière caisse qui compose cette collection.

Renou et Maulde, imprimeurs de la Compagnie des Commissaires-Priseurs, rue de Rivoli, 144.   18292